HAZ UNA PREGUNTA

AL LIBRO MÁGICO

TE RESPONDERÁ...

El Libro Mágico es tu guía de espiritualidad.

Te permitirá dejar que tu intuición te guíe hacia las respuestas que necesitas.

Haz tu pregunta en voz baja y piénsalo unos instantes mientras pones la mano sobre el libro.

Desplázate por las páginas sin

mirar durante unos segundos y

detente cuando tu

Detente cuando tu instinto te diga

que la respuesta está ahí.

Como todas las artes adivinatorias

El Libro Mágico requiere

práctica y reflexión.

Le deseamos un buen viaje hacia los

misterios de lo desconocido.

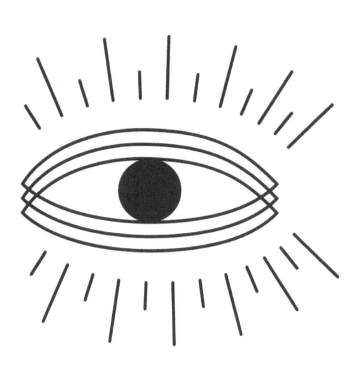

En el fondo

sabes la verdad.

Acepta ver lo

que escondes.

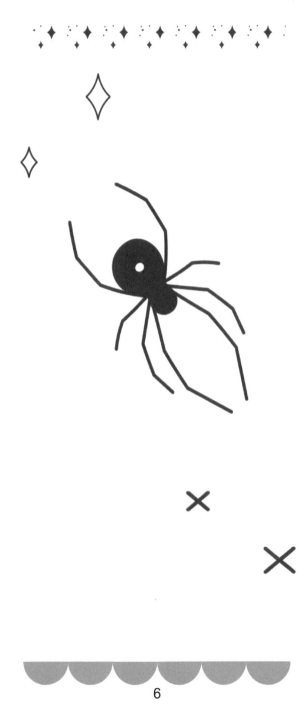

Definitivamente

En absoluto.

Pronto encontrarás días felices. Porque después de la lluvia viene el buen tiempo.

A primera

vista, no.

Esta vez será

el momento

adecuado.

El libro está a la espera de más preguntas relevantes.

El libro está

seguro de esto !

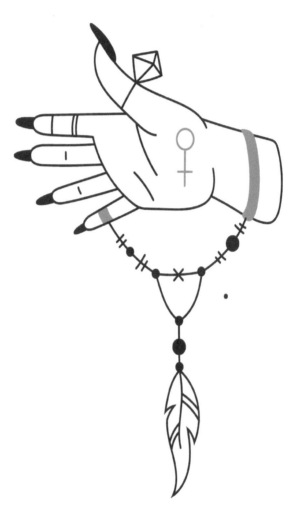

Deja este tema

a un lado.

No tengo

opinión al

respecto.

Es probable

que.

Nada es

imposible.

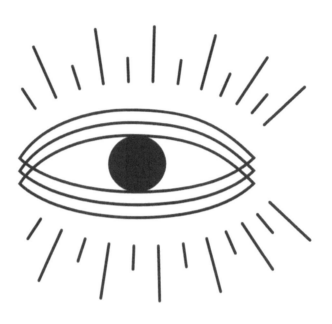

El éxito le

espera.

Esta iniciativa

resultará

beneficiosa.

Sí, dice.

Por supuesto.

Casi.

Absolutamente

El amor es la

mejor medicina

y no se puede

comprar.

Será más

difícil de lo que

crees.

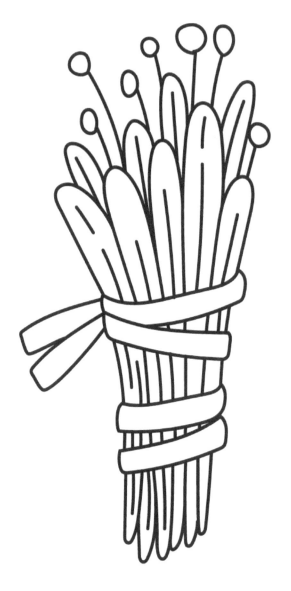

Redoblar los esfuerzos por lo que se quiere conseguir.

Tienes la fuerza

dentro de ti.

Nadie te

detendrá.

Sin duda

alguna !

Si todo va

según lo

previsto, tienes

una

oportunidad.

Reformule su

pregunta.

Un poco más

de

concentración es

lo que necesitas.

Por supuesto.

Hay algunas

respuestas que es

mejor no

escuchar.

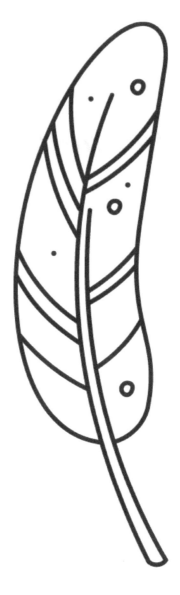

Las verdades,
incluso las más
duras, son más
fáciles de escuchar
cuando se dicen
con dulzura.

En un futuro

próximo no.

Lo que no
entiendes no
carece de
interés.

No hay nada
que puedas
hacer para
detener lo que
debe suceder.

Ciertamente.

¡Definitivamente!

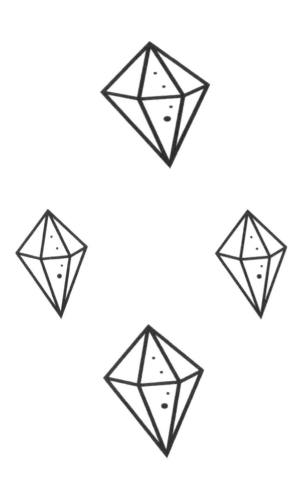

Algunas verdades no son universales. Tómate el tiempo de adoptar el punto de vista de los demás.

Todas las cosas

grandes tienen

un principio.
Estás en el

camino

correcto.

El remedio es

peor que la

enfermedad.

No lo hagas.

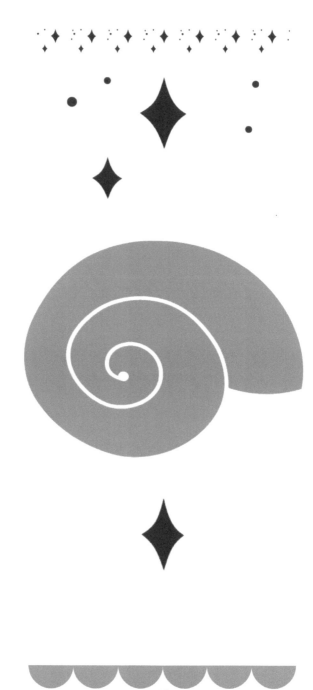

Sí!!

La fortuna favorece a los audaces. Las estrellas están alineadas a tu favor.

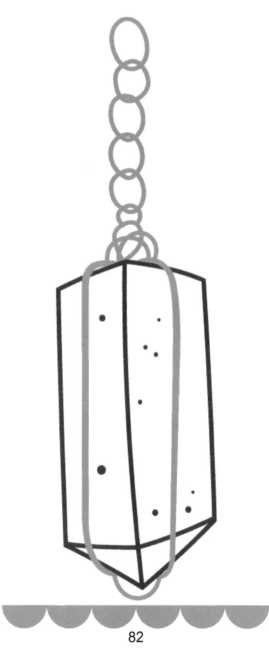

No depende

sólo de ti.

Su solicitud no

es factible.

Su deseo es

accesible.

Pero sea más

ambicioso en el

futuro.

Un día sí,

pero no hoy.

Sí!

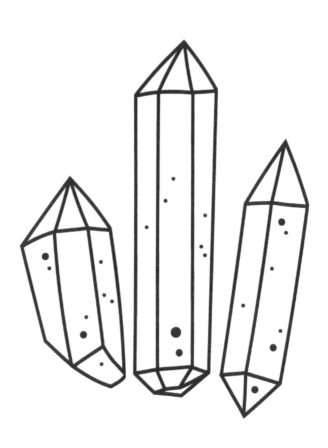

Mantener la esperanza.

Centrarse en

otro tema.

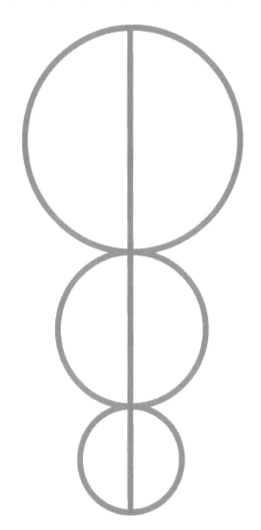

Sí. Su

excelente

iniciativa

tendrá éxito.

En absoluto.

Posible.

Sí, pero
tendrás que
esforzarte más.

No tengo

opinión al

respecto.

Es probable

que !

Nada es

imposible.

Tienes todos los

recursos que

necesitas.

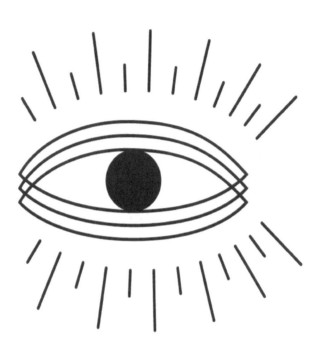

Nunca.

Prueba otra

cosa.

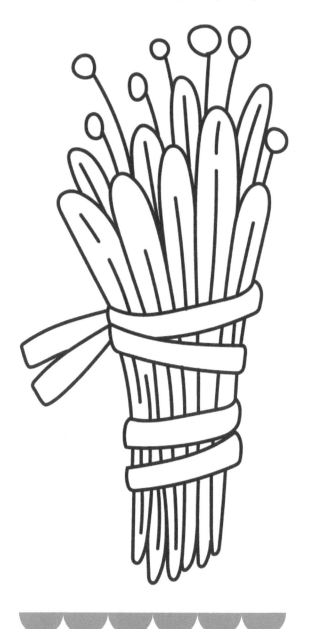

Redoblar los esfuerzos por lo que se quiere conseguir.

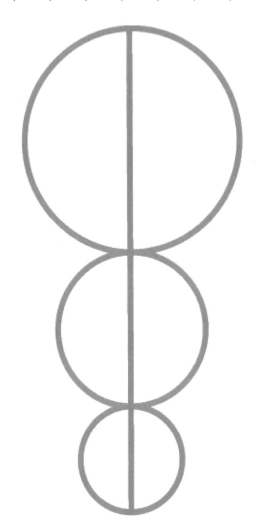

Creo que es ies

posible !

Todavía tendrá

que ser paciente.

Pero sucederá.

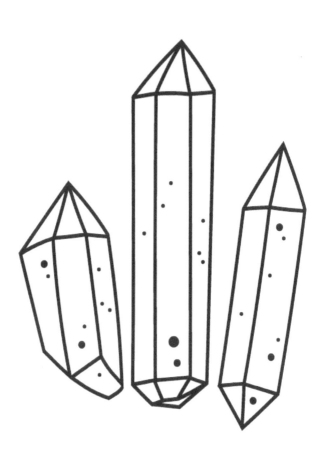

Estás en el camino correcto. Su iniciativa tendrá éxito.

Soy pesimista

al respecto.

No.

Sí.

Es concebible. Tu petición puede ser cumplida por tu presencia de ánimo y tu armonía con este libro.

No tengo opinión al respecto.

Sí, habrá

dificultades, pero

tu

determinación

marcará la

diferencia

Nada es

imposible.

Esta vez no. Vuelve a pedir el libro mañana.

En ningún

caso.

Sí, dice.

Por supuesto.

Casi.

Absolutamente

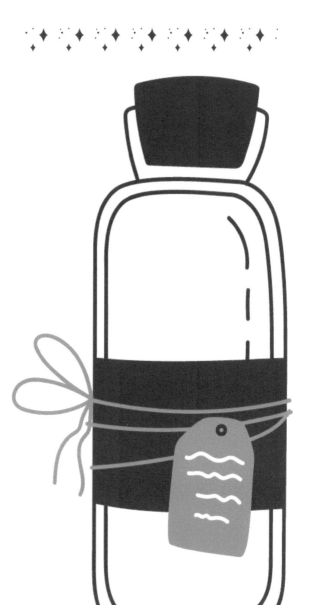

Mantén la

esperanza.

Sí, pero

tendrás que ser

valiente.

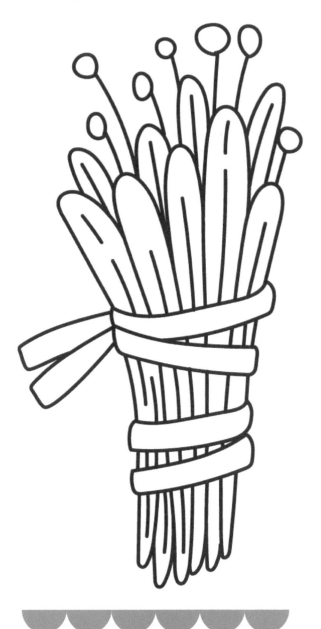

Trabaja duro por lo que quieres conseguir. Sólo tu determinación marcará la diferencia.

Definitivament

e no. Este no

es el camino

correcto.

Sí. Tu

felicidad está

predicha.

Hay una

posibilidad.

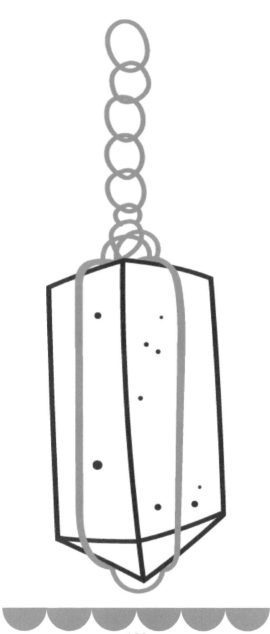

Esto requiere una reflexión.

Sí.

A veces.

166

La respuesta es

no.

Esto puede ser.

Sí !

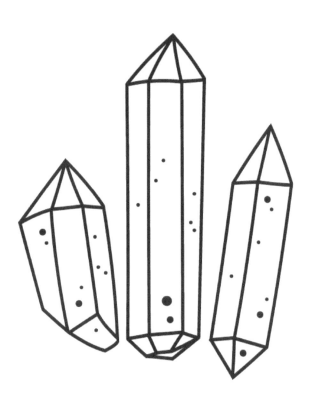

No lo sé.

Perfectamente.

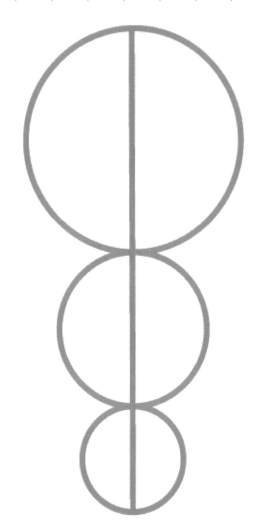

Sí.

178

En absoluto.

Posible.

Posiblemente

No tengo

opinión al

respecto.

Es probable

que.

El universo

entero dice

¡Sí!

Made in United States
Troutdale, OR
08/07/2023

11703934R00106